A Criança
reza o Terço

Pe. FERDINANDO MANCILIO, C.Ss.R.

A Criança reza o Terço

Editora
SANTUÁRIO

DIRETORES EDITORIAIS:
Pe. Carlos da Silva, C.Ss.R.
Pe. Marcelo C. Araújo, C.Ss.R.

EDITORES:
Avelino Grassi
Márcio F. dos Anjos
Roberto Girola

COORDENAÇÃO EDITORIAL:
Denílson Luís dos Santos Moreira

COPIDESQUE:
Leila Cristina Dinis Fernandes

REVISÃO:
Lígia Maria Leite de Assis

DIAGRAMAÇÃO E CAPA:
Junior dos Santos

ILUSTRAÇÕES:
Junior dos Santos

Dados Internacionais de Catalogação na Publicação (CIP)
(Câmara Brasileira do Livro, SP, Brasil)

Mancilio, Ferdinando
    A criança reza o Terço / Ferdinando Mancilio. - Aparecida, SP: Editora Santuário, 2007.

    ISBN 978-85-369-0116-9

    1. Crianças - Vida religiosa 2. Mistérios do Rosário 3. Rosário 4. Terço (Cristianismo) I. Título.

07-8019   CDD-242.74083

Índices para catálogo sistemático:
1. Terço para crianças: Orações marianas: Cristianismo 242.74083

11ª impressão

Todos os direitos reservados à **EDITORA SANTUÁRIO** — 2022

Rua Padre Claro Monteiro, 342 — 12570-000 — Aparecida-SP
Tel: 12 3104-2000 — Televendas: 0800 0 16 00 04
www.editorasantuario.com.br
vendas@editorasantuario.com.br

Sumário

Apresentação 7

Tabelas 9
   1º Terço – Mistérios da Alegria 9
   2º Terço – Mistérios da Luz 9
   3º Terço – Mistérios das Dores de Jesus .. 10
   4º Terço – Mistérios da Glória de Jesus
            e de Nossa Senhora 10
   Ciclo semanal do Rosário 11

Oração inicial do Terço 12

Oração final do Terço 12

Salve-Rainha 13

Mistérios da Alegria 14

Mistérios das Dores de Jesus 25

**Mistérios da Glória de Jesus
e de Nossa Senhora** 36

Mistérios da Luz 47

Orações próprias de criança 58
   Eu gosto de Jesus 59
   Meu coração de Criança 60
   Rezo pelo papai e pela mamãe............ 60
   Vou à missa 61
   Bênção para o dia 61
   Santo Anjo 62
   Consagração da Criança a Nossa Senhora ... 63

Apresentação

A docilidade da criança, sua simplicidade e a ausência de barreiras humanas arraigadas fizeram Jesus dizer aos discípulos: "Deixai vir a mim as criancinhas, porque delas é o Reino dos céus" (Lc 18,15-17). Impressiona-nos a força da palavra do Mestre: "Se não vos tornardes como crianças, não entrareis no Reino dos céus". Esse é o desejo que pautou a feitura deste pequeno livro voltado para a criança e para a reza do Terço.

O desejo é de que, aproveitando uma forma tradicional de se rezar o Terço e com toda a sua força pedagógica, a criança possa ter gosto pela oração e aproveitar da catequese simples e humana, mas profunda e de fé, que este livro pretende alcançar no coração dos pequeninos.

Ele não traz a forma tradicional e costumeira de os adultos rezarem o Terço. Procura apresentar cada mistério de uma forma que a criança entenda e traduza para a sua vida o que ali ela rezou. Há a oração inicial e a Salve-Rainha final, mas em cada mistério rezam-se o Pai-nosso, a Ave-Maria, o Glória ao Pai e a contemplação própria de cada um dos mistérios.

A intenção foi tornar ao alcance da criança uma oração que a maioria dos pais conhece e, portanto, poderão ajudar seus filhos na catequese oracional.

Espero que isso traga benefícios e efeitos desejados, tal como foi pensado que acontecesse.

1º Terço – Mistérios da Alegria

1º Mistério	2º Mistério	3º Mistério	4º Mistério	5º Mistério
– No 1º Mistério da Alegria, contemplamos a Anunciação do Anjo a Nossa Senhora.	– No 2º Mistério da Alegria, contemplamos a visita de Nossa Senhora à sua prima Isabel.	– No 3º Mistério da Alegria, contemplamos o nascimento de Jesus.	– No 4º Mistério da Alegria, contemplamos a apresentação do Menino Jesus no Templo.	– No 5º Mistério da Alegria, contemplamos a perda e o encontro de Jesus no Templo.

2º Terço – Mistérios da Luz

1º Mistério	2º Mistério	3º Mistério	4º Mistério	5º Mistério
– No 1º Mistério Luminoso, contemplamos o batismo de Jesus no Jordão.	– No 2º Mistério Luminoso, contemplamos o primeiro milagre de Jesus nas Bodas de Caná.	– No 3º Mistério Luminoso, contemplamos a proclamação do Reino de Deus e o convite à conversão.	– No 4º Mistério Luminoso, contemplamos a Transfiguração de Jesus.	– No 5º Mistério Luminoso, contemplamos a Instituição da Eucaristia.

3º Terço – Mistérios das Dores de Jesus

1º Mistério	2º Mistério	3º Mistério	4º Mistério	5º Mistério
– No 1º Mistério Doloroso, contemplamos a agonia mortal de Jesus, no Horto das Oliveiras.	– No 2º Mistério Doloroso, contemplamos como Jesus foi açoitado e flagelado.	– No 3º Mistério Doloroso, contemplamos como Jesus foi cruelmente coroado de espinhos por seus algozes.	– No 4º Mistério Doloroso, contemplamos como Jesus pacientemente carrega sua cruz ao Calvário.	– No 5º Mistério Doloroso, contemplamos a crucificação e morte de Jesus.

4º Terço – Mistérios da Glória de Jesus e de Nossa Senhora

1º Mistério	2º Mistério	3º Mistério	4º Mistério	5º Mistério
– No 1º Mistério Glorioso, contemplamos a Ressurreição triunfante de Nosso Senhor Jesus Cristo.	– No 2º Mistério Glorioso, contemplamos a Ascensão de Jesus ao Céu.	– No 3º Mistério Glorioso, contemplamos a vinda do Espírito Santo sobre os Apóstolos.	– No 4º Mistério Glorioso, contemplamos a Assunção gloriosa de Nossa Senhora ao Céu.	– No 5º Mistério Glorioso, contemplamos a Coroação de Nossa Senhora como Rainha do Céu e da Terra.

Ciclo Semanal do Rosário

(Distribuição nos dias da Semana para a contemplação dos Mistérios)

Segunda	Terça	Quarta	Quinta	Sexta
Mistérios Gozosos	Mistérios Dolorosos	Mistérios Gloriosos	Mistérios Luminosos	Mistérios Dolorosos

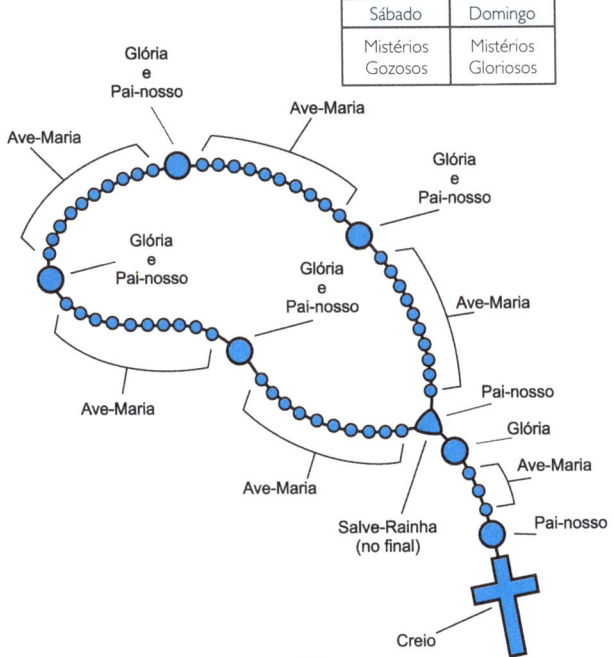

Sábado	Domingo
Mistérios Gozosos	Mistérios Gloriosos

Glória e Pai-nosso

Ave-Maria

Ave-Maria

Glória e Pai-nosso

Glória e Pai-nosso

Glória e Pai-nosso

Ave-Maria

Ave-Maria

Ave-Maria

Pai-nosso

Glória

Ave-Maria

Pai-nosso

Salve-Rainha (no final)

Creio

Oração inicial do Terço

Pai do céu, eu agora vou rezar o Terço porque tenho muita fé e gosto muito do Senhor. Também amo muito a Jesus, seu Filho, que o Senhor nos deu para nos salvar. Quero também, Pai do céu, que seu Espírito Santo me ajude a viver com alegria o amor e a paz. Pai do céu, eu não sei rezar direito ainda, mas aceite minha oração. Amém!

⭐ ⭐ ⭐

Oração final do Terço

Pai do céu, eu procurei rezar com toda a fé de meu coração de criança. Espero que o Senhor tenha ficado contente comigo. Eu sei que o Senhor me ajuda muito e sei que Jesus amou e ama as crianças. Por isso, eu o quero amar muito, Pai do céu. Nossa Senhora, Mãe de Jesus, eu quero que a Senhora more bem no fundo do meu coração. Amém!

Salve-Rainha

Salve, Rainha, Mãe de misericórdia, vida, doçura e esperança nossa, salve! A vós bradamos, os degredados filhos de Eva; a vós suspiramos, gemendo e chorando neste vale de lágrimas. Eia, pois, Advogada nossa, esses vossos olhos misericordiosos a nós volvei e depois deste desterro mostrai-nos Jesus, bendito fruto do vosso ventre, ó clemente, ó piedosa, ó doce Virgem Maria! Rogai por nós, Santa Mãe de Deus, para que sejamos dignos das Promessas de Cristo. Amém.

⭐⭐⭐

Mistérios da Alegria

1º Mistério

O Anjo de Deus trouxe a notícia a Maria, que morava em Nazaré, de que ela foi a escolhida entre todas as mulheres para ser a Mãe de Jesus. E ela fez tudo conforme a vontade de Deus.

Maria, você é minha mãezinha do céu. A Mãe mais querida de toda a Terra. As pessoas gostam muito da Senhora, porque você é bendita entre todas as mulheres. Eu gosto muito da Senhora, porque a Senhora me trouxe de presente Jesus. Esse foi o maior presente que eu ganhei e que todas as pessoas da Terra ganharam. Obrigado, Nossa Senhora, porque você disse sim a Deus.

— Eu quero amar muito a Deus, do jeito de Nossa Senhora!
— Eu quero obedecer a tudo o que Deus me ensinou!
— Eu quero respeitar as pessoas!
— Eu quero ser feliz e fazer felizes os outros!
— Eu quero ter um coração bonito como o de Nossa Senhora!

Pai-nosso: Pai nosso, que estais nos céus, santificado seja o vosso nome; venha a nós o vosso reino; seja feita a vossa vontade, assim na terra como no céu.

O pão nosso de cada dia nos dai hoje; perdoai-nos as nossas ofensas; assim como nós perdoamos a quem nos tem ofendido. Não nos deixeis cair em tentação. Mas livrai--nos do mal. Amém.

Ave-Maria: Ave, Maria, cheia de graça, o Senhor é convosco, bendita sois vós entre as mulheres e bendito é o fruto do vosso ventre, Jesus.

Santa Maria, Mãe de Deus, rogai por nós, pecadores, agora e na hora de nossa morte. Amém.

Glória ao Pai: Glória ao Pai, ao Filho e ao Espírito Santo. Como era no princípio, agora e sempre. Amém.

2º Mistério

Depois que Nossa Senhora recebeu a notícia de Deus para ser a mãe de Jesus, ela foi muito depressa para a casa de Isabel, sua prima, para ajudá-la, porque ela estava grávida de João Batista.

Ó Mãezinha do céu, como é bonito seu coração, porque é bonito o coração que ama. Eu quero ter sempre um coração de criança, que sabe amar, perdoar, acolher e viver em paz com os outros. Seu coração, ó Mãezinha, é muito bonito porque a Senhora foi depressa à casa de Isabel, só para ajudá-la em muitas coisas. Por isso que nós gostamos da Senhora, pois a Senhora vai sempre ao encontro das pessoas e nunca se afasta delas.

— Eu quero ter um bonito coração como o de Nossa Senhora.
— Eu não quero ficar fugindo das pessoas, quero sim ajudá-las sempre.
— Eu sei que tenho muito que aprender, mas sei que eu quero amar.

— Eu quero ter um coração sincero, fraterno, amigo.
— Mãezinha do céu, aceite meu coração de criança e o ajude a ser feliz.

Pai-nosso: Pai nosso, que estais nos céus, santificado seja o vosso nome; venha a nós o vosso reino; seja feita a vossa vontade, assim na terra como no céu.

O pão nosso de cada dia nos dai hoje; perdoai-nos as nossas ofensas; assim como nós perdoamos a quem nos tem ofendido. Não nos deixeis cair em tentação. Mas livrai-nos do mal. Amém.

Ave-Maria: Ave, Maria, cheia de graça, o Senhor é convosco, bendita sois vós entre as mulheres e bendito é o fruto do vosso ventre, Jesus.

Santa Maria, Mãe de Deus, rogai por nós, pecadores, agora e na hora de nossa morte. Amém.

Glória ao Pai: Glória ao Pai, ao Filho e ao Espírito Santo. Como era no princípio, agora e sempre. Amém.

3º Mistério

Maria e José foram para a cidade de Belém registrar lá seus nomes. E lá em Belém, de noite, nasceu Jesus, numa gruta, e Ele foi colocado numa manjedoura, porque lá não tinha nenhum bercinho.

A coisa mais bonita que aconteceu no mundo foi o nascimento de Jesus. Ele nasceu de Nossa Senhora, e seu pai adotivo é José. Mas Ele nasceu porque o Pai do céu quis que Ele viesse morar na Terra e nos salvar. Sem Ele nenhuma criança, nenhuma pessoa humana, vai para o céu nem conhece o amor. Quem o ama muito vive feliz, gosta das pessoas e um dia vai para o céu morar eternamente com Ele.

— Eu quero dizer obrigado ao Pai do céu que nos deu Jesus.
— Eu quero que Jesus também nasça em meu coração todos os dias.
— Eu quero ter bastante amor para com meus coleguinhas.

— Eu quero escutar sempre o que Ele diz e está no Evangelho.
— Eu quero amar do jeito que Ele amou.

Pai-nosso: Pai nosso, que estais nos céus, santificado seja o vosso nome; venha a nós o vosso reino; seja feita a vossa vontade, assim na terra como no céu. O pão nosso de cada dia nos dai hoje; perdoai-nos as nossas ofensas; assim como nós perdoamos a quem nos tem ofendido. Não nos deixeis cair em tentação. Mas livrai-nos do mal. Amém.

Ave-Maria: Ave, Maria, cheia de graça, o Senhor é convosco, bendita sois vós entre as mulheres e bendito é o fruto do vosso ventre, Jesus. Santa Maria, Mãe de Deus, rogai por nós, pecadores, agora e na hora de nossa morte. Amém.

Glória ao Pai: Glória ao Pai, ao Filho e ao Espírito Santo. Como era no princípio, agora e sempre. Amém.

4º Mistério

Maria e José foram a Jerusalém e levaram Jesus ao templo, para que o sacerdote o apresentasse a Deus, conforme o costume daquele tempo, e Nossa Senhora também se purificasse.

Depois que Jesus nasceu, Nossa Senhora e São José o levaram ao templo. Lá o apresentaram a Deus, por meio do sacerdote Simeão. Era assim naquele tempo. Um dia também papai e mamãe e meus padrinhos me levaram lá à igreja, e eu recebi o sacramento do batismo. Tornei-me filho(a) de Deus de verdade. Eu sou feliz por ter sido batizado(a) um dia.

— Obrigado, Jesus, pelo batismo que recebi.
— Obrigado, Jesus, pelas crianças que foram batizadas.
— Obrigado, Jesus, pelo papai e pela mamãe, e meus padrinhos.
— Eu sou feliz porque me tornei filho(a) de Deus de verdade.
— Eu sou feliz porque sei que Deus me ama muito.

Pai-nosso: Pai nosso, que estais nos céus, santificado seja o vosso nome; venha a nós o vosso reino; seja feita a vossa vontade, assim na terra como no céu.

O pão nosso de cada dia nos dai hoje; perdoai-nos as nossas ofensas; assim como nós perdoamos a quem nos tem ofendido. Não nos deixeis cair em tentação. Mas livrai-nos do mal. Amém.

Ave-Maria: Ave, Maria, cheia de graça, o Senhor é convosco, bendita sois vós entre as mulheres e bendito é o fruto do vosso ventre, Jesus.

Santa Maria, Mãe de Deus, rogai por nós, pecadores, agora e na hora de nossa morte. Amém.

Glória ao Pai: Glória ao Pai, ao Filho e ao Espírito Santo. Como era no princípio, agora e sempre. Amém.

5º Mistério

Jesus era adolescente e foi junto com Maria e José para a festa em Jerusalém. Depois, quando estavam voltando, não acharam Jesus, e só o encontraram lá no templo, conversando e explicando as coisas do céu para os sábios.

Ninguém pode perder Deus na vida. Nós perdemos Deus quando não o amamos mais. Isso é muito triste. Sem Deus, não temos alegria nenhuma. Por isso, eu sei que quando Maria e José encontraram Jesus ficaram muito felizes, pois eles o amavam muito. Todos os que encontram Jesus na vida ganham uma alegria que não tem fim. Por isso, eu quero sempre estar bem perto de Jesus.

— Jesus, eu quero que todas as pessoas se encontrem com o Senhor.
— Jesus, eu quero que todas as crianças o amem muito.
— Só é feliz quem está sempre pertinho de Jesus.
— Eu quero sempre estar pertinho do papai e da mamãe e amá-los muito.

— Jesus, eu não quero nunca ficar longe do Senhor.

Pai-nosso: Pai nosso, que estais nos céus, santificado seja o vosso nome; venha a nós o vosso reino; seja feita a vossa vontade, assim na terra como no céu.

O pão nosso de cada dia nos dai hoje; perdoai-nos as nossas ofensas; assim como nós perdoamos a quem nos tem ofendido. Não nos deixeis cair em tentação. Mas livrai-nos do mal. Amém.

Ave-Maria: Ave, Maria, cheia de graça, o Senhor é convosco, bendita sois vós entre as mulheres e bendito é o fruto do vosso ventre, Jesus.

Santa Maria, Mãe de Deus, rogai por nós, pecadores, agora e na hora de nossa morte. Amém.

Glória ao Pai: Glória ao Pai, ao Filho e ao Espírito Santo. Como era no princípio, agora e sempre. Amém.

Mistérios das Dores de Jesus

1º Mistério

Jesus ficou em oração ao Pai do céu. Ele sentiu tudo o que iria acontecer com Ele. Pediu para o Pai do céu livrá-lo daquela hora, mas Ele queria em primeiro lugar fazer a vontade do Pai.

Jesus sentiu tudo o que Ele ia sofrer por amor de nós. Estava no Jardim das Oliveiras rezando ao Pai do céu, muito angustiado, porque Ele é uma pessoa humana como nós. E toda pessoa sofre com a dor. Mas Jesus pediu ao Pai do céu que em primeiro lugar fosse feita a vontade dele. E por isso Jesus assumiu todo o sofrimento para nossa salvação.

— Jesus, o Senhor sofreu muito para nos salvar, porque seu amor era muito maior que a dor.
— Jesus, as pessoas sofrem muito no mundo por causa das injustiças e do pecado.
— Jesus, eu quero respeitar o Senhor sempre em minha vida, como meu Redentor.

— Eu não quero fazer as pessoas sofrerem, quero sim amá-las do jeito do Senhor.
— Jesus, que o meu coração seja sempre cheio de amor como o seu Coração.

Pai-nosso: Pai nosso, que estais nos céus, santificado seja o vosso nome; venha a nós o vosso reino; seja feita a vossa vontade, assim na terra como no céu.

O pão nosso de cada dia nos dai hoje; perdoai-nos as nossas ofensas; assim como nós perdoamos a quem nos tem ofendido. Não nos deixeis cair em tentação. Mas livrai-nos do mal. Amém.

Ave-Maria: Ave, Maria, cheia de graça, o Senhor é convosco, bendita sois vós entre as mulheres e bendito é o fruto do vosso ventre, Jesus.

Santa Maria, Mãe de Deus, rogai por nós, pecadores, agora e na hora de nossa morte. Amém.

Glória ao Pai: Glória ao Pai, ao Filho e ao Espírito Santo. Como era no princípio, agora e sempre. Amém.

2º Mistério

Depois que Jesus foi preso, judiaram muito dele. A noite inteira foi de muito sofrimento para Jesus. Flagelaram seu corpo inteiro.

Aqueles soldados malvados judiaram muito de Jesus. Bateram nele, fizeram feridas em seu corpo santo com as chicotadas que lhe deram. Mas Jesus sofria calado, não falava nada contra eles. Ele sofria em silêncio, porque pensava no amor dele por nós, e por nossa salvação não fugia do sofrimento. Assim foi Jesus: sofreu para nos salvar.

— Jesus, seu sofrimento continua naqueles que pensam e fazem maldades para as pessoas no mundo.
— Eu quero viver e praticar o bem para com as pessoas e assim ser feliz.
— Eu quero que o amor esteja sempre presente em mim, para eu amar e perdoar as pessoas.
— Eu sei que quando ofendemos as pessoas, ofendemos o amor que Jesus nos deu e nos deixou.
— Jesus, ajude todas as crianças, para que elas tornem o mundo mais bonito.

Pai-nosso: Pai nosso, que estais nos céus, santificado seja o vosso nome; venha a nós o vosso reino; seja feita a vossa vontade, assim na terra como no céu.

O pão nosso de cada dia nos dai hoje; perdoai-nos as nossas ofensas; assim como nós perdoamos a quem nos tem ofendido. Não nos deixeis cair em tentação. Mas livrai-nos do mal. Amém.

Ave-Maria: Ave, Maria, cheia de graça, o Senhor é convosco, bendita sois vós entre as mulheres e bendito é o fruto do vosso ventre, Jesus.

Santa Maria, Mãe de Deus, rogai por nós, pecadores, agora e na hora de nossa morte. Amém.

Glória ao Pai: Glória ao Pai, ao Filho e ao Espírito Santo. Como era no princípio, agora e sempre. Amém.

3º Mistério

Apesar de todo o sofrimento que Jesus já tinha tido, não tiveram pena e colocaram sobre sua cabeça uma coroa de espinhos só porque Ele falou que era o Rei dos judeus.

Fizeram uma maldade muito grande para com Jesus: colocaram em sua cabeça uma coroa de espinhos só porque Ele disse que era o Rei do judeus. Ficaram com medo de perder o poder, mas Jesus é um Rei diferente: Ele é o Salvador da humanidade. Ele não veio para brincar conosco, mas para nos dar a vida e nos dar o céu.

— Jesus sofreu muito por amor de mim, porque, além de tudo, colocaram em sua cabeça a coroa de espinhos.
— Eu não quero fazer nenhuma maldade para nenhuma pessoa humana, nem para qualquer ser vivo.
— Eu quero entender as pessoas e com elas conversar e descobrir o que há de bom dentro delas.
— Eu quero que minha vida seja muito bonita,

que eu viva em paz e procure amar sempre as pessoas.
— Eu sei que é o bem e o amor que vão vencer toda a maldade deste mundo.

Pai-nosso: Pai nosso, que estais nos céus, santificado seja o vosso nome; venha a nós o vosso reino; seja feita a vossa vontade, assim na terra como no céu.

O pão nosso de cada dia nos dai hoje; perdoai-nos as nossas ofensas; assim como nós perdoamos a quem nos tem ofendido. Não nos deixeis cair em tentação. Mas livrai-nos do mal. Amém.

Ave-Maria: Ave, Maria, cheia de graça, o Senhor é convosco, bendita sois vós entre as mulheres e bendito é o fruto do vosso ventre, Jesus.

Santa Maria, Mãe de Deus, rogai por nós, pecadores, agora e na hora de nossa morte. Amém.

Glória ao Pai: Glória ao Pai, ao Filho e ao Espírito Santo. Como era no princípio, agora e sempre. Amém.

4º Mistério

O povo que assistia ao julgamento de Jesus gritou: "Crucifica-o". E então puseram sobre os ombros dele uma cruz, para que Ele a carregasse até o Calvário.

Para aumentar o sofrimento de Jesus, colocaram em seus ombros uma pesada cruz. E Ele, cheio de amor, começou a carregá-la rumo ao Calvário. A cruz foi machucando o ombro de Jesus. Ele caiu várias vezes, mas se levantou. O sofrimento foi aumentando, porque suas forças foram diminuindo. Ele já tinha sofrido a noite inteira. Outra vez Ele está em silêncio.

— Eu não quero esquecer-me de que Jesus é o melhor amigo que tenho.
— Ele me ama e carregou a cruz que os malvados colocaram em seus ombros.
— Mesmo sofrendo, Ele não rejeitou a cruz, porque queria dar a vida por amor de mim.

— Só quem é egoísta não vê o tamanho do amor de Jesus por todos nós.
— Como Jesus, eu quero ajudar sempre as pessoas e os colegas que precisarem de mim.

Pai-nosso: Pai nosso, que estais nos céus, santificado seja o vosso nome; venha a nós o vosso reino; seja feita a vossa vontade, assim na terra como no céu.

O pão nosso de cada dia nos dai hoje; perdoai-nos as nossas ofensas; assim como nós perdoamos a quem nos tem ofendido. Não nos deixeis cair em tentação. Mas livrai-nos do mal. Amém.

Ave-Maria: Ave, Maria, cheia de graça, o Senhor é convosco, bendita sois vós entre as mulheres e bendito é o fruto do vosso ventre, Jesus.

Santa Maria, Mãe de Deus, rogai por nós, pecadores, agora e na hora de nossa morte. Amém.

Glória ao Pai: Glória ao Pai, ao Filho e ao Espírito Santo. Como era no princípio, agora e sempre. Amém.

5º Mistério

Jesus está pregado na cruz. Quanta dor, quanto sofrimento. Ele pediu perdão por aqueles que o estavam assassinando. E morreu em paz, fiel ao Pai do céu.

Jesus está no alto do calvário, tiraram sua roupa e o pregaram na cruz. Depois de três horas de sofrimento, Ele não aguentou mais e morreu. Nossa Senhora o acolheu em seus braços. Os malvados ficaram felizes, porque o Filho de Deus estava morto. Eles pensavam que tinham vencido Deus, mas se enganaram, porque Jesus ressuscitou, vencendo a morte.

— Ó Jesus, perdoe o pecado dos que fizeram tanta maldade com o Senhor.
— Ó Jesus, que todas as crianças do mundo o reconheçam como nosso irmão e nosso Senhor.
— Ó Jesus, eu quero que o papai e a mamãe o amem muito.

— Ó Jesus, eu não quero ser uma criança mal-educada e que desrespeita os outros.
— Ó Jesus, eu sei que sua morte me deu a vida para sempre.

Pai-nosso: Pai nosso, que estais nos céus, santificado seja o vosso nome; venha a nós o vosso reino; seja feita a vossa vontade, assim na terra como no céu.

O pão nosso de cada dia nos dai hoje; perdoai-nos as nossas ofensas; assim como nós perdoamos a quem nos tem ofendido. Não nos deixeis cair em tentação. Mas livrai-nos do mal. Amém.

Ave-Maria: Ave, Maria, cheia de graça, o Senhor é convosco, bendita sois vós entre as mulheres e bendito é o fruto do vosso ventre, Jesus.

Santa Maria, Mãe de Deus, rogai por nós, pecadores, agora e na hora de nossa morte. Amém.

Glória ao Pai: Glória ao Pai, ao Filho e ao Espírito Santo. Como era no princípio, agora e sempre. Amém.

Mistérios da Glória
de Jesus e de Nossa Senhora

1º Mistério

Jesus ressuscitou! Voltou a viver de novo. Jesus passou pela morte, mas não permaneceu nela. Assim vai acontecer com todos os que têm fé de verdade.

Aqueles que pensaram ter vencido Deus, enganaram-se, porque o Pai do céu ressuscitou Jesus. Ele voltou a viver num corpo glorioso. O nosso também será um dia ressuscitado, pois Jesus prometeu isso a todas as pessoas que o amam. Fico feliz em saber que Jesus está vivo, ressuscitado e sempre pertinho de todas as crianças do mundo.

— Jesus, eu sei que um dia também vou ressuscitar, porque eu amo o Senhor.
— Jesus, eu quero que todas as pessoas o amem muito para que sejam felizes.
— Jesus, eu quero ser uma criança cheia de fé e de amor pelo Senhor.
— Jesus, eu sei que, quando faço as coisas com amor, o Senhor gosta muito.
— Jesus, que o papai, a mamãe e meus irmãos gostem muito do Senhor.

Pai-nosso: Pai nosso, que estais nos céus, santificado seja o vosso nome; venha a nós o vosso reino; seja feita a vossa vontade, assim na terra como no céu.

O pão nosso de cada dia nos dai hoje; perdoai-nos as nossas ofensas; assim como nós perdoamos a quem nos tem ofendido. Não nos deixeis cair em tentação. Mas livrai-nos do mal. Amém.

Ave-Maria: Ave, Maria, cheia de graça, o Senhor é convosco, bendita sois vós entre as mulheres e bendito é o fruto do vosso ventre, Jesus.

Santa Maria, Mãe de Deus, rogai por nós, pecadores, agora e na hora de nossa morte. Amém.

Glória ao Pai: Glória ao Pai, ao Filho e ao Espírito Santo. Como era no princípio, agora e sempre. Amém.

2º Mistério

Um dia Jesus subiu aos céus, mas não nos abandonou, porque Ele falou que estaria conosco todos os dias. Ele está no céu e na terra ao mesmo tempo, porque é agora ressuscitado.

Depois que Jesus ressuscitou, Ele apareceu aos discípulos para que eles não tivessem medo e acreditassem ainda mais nele. Depois Jesus falou para os discípulos para não ficarem parados, acomodados, mas que fossem pelo mundo todo e falassem para todas as pessoas sobre o Evangelho. Depois Ele subiu aos céus e está perto de Deus Pai, e ao mesmo tempo pertinho de nós.

— Eu quero viver na Terra, mas sem me esquecer do Céu.
— Jesus, que sua luz me ilumine sempre e a todas as crianças.
— Quero que meu coração seja forte, cheio de fé e de bondade.
— Ninguém é feliz na Terra se ficar longe de Jesus e do Pai do Céu.

— Jesus, eu quero viver como criança, mas com muito amor para com o Senhor.

Pai-nosso: Pai nosso, que estais nos céus, santificado seja o vosso nome; venha a nós o vosso reino; seja feita a vossa vontade, assim na terra como no céu.

O pão nosso de cada dia nos dai hoje; perdoai-nos as nossas ofensas; assim como nós perdoamos a quem nos tem ofendido. Não nos deixeis cair em tentação. Mas livrai-nos do mal. Amém.

Ave-Maria: Ave, Maria, cheia de graça, o Senhor é convosco, bendita sois vós entre as mulheres e bendito é o fruto do vosso ventre, Jesus.

Santa Maria, Mãe de Deus, rogai por nós, pecadores, agora e na hora de nossa morte. Amém.

Glória ao Pai: Glória ao Pai, ao Filho e ao Espírito Santo. Como era no princípio, agora e sempre. Amém.

3º Mistério

Jesus cumpriu o que prometeu: mandar o Espírito Santo para os discípulos. E um dia eles estavam reunidos em oração, e o Espírito Santo veio sobre eles e Nossa Senhora.

Quando Jesus estava aqui na terra, Ele prometeu para os discípulos que iria para o céu, mas que não iria de jeito nenhum deixá-los sozinhos. Ele mandaria de junto do Pai o Espírito Santo, terceira pessoa da Santíssima Trindade. E foi isso que aconteceu: um dia os discípulos estavam reunidos, e Nossa Senhora estava com eles, e veio sobre eles o Espírito Santo e eles ficaram muito felizes.

— Espírito Santo, ilumine o coração de todas as pessoas grandes.
— Espírito Santo, ajude todas as pessoas que cuidam dos pobres e dos doentes.
— Espírito Santo, faça com que em todas as Comunidades haja muita fraternidade.
— Espírito Santo, guarde a Igreja de Jesus que está no mundo.

— Espírito Santo, guarde, proteja e ajude todas as crianças da terra.

Pai-nosso: Pai nosso, que estais nos céus, santificado seja o vosso nome; venha a nós o vosso reino; seja feita a vossa vontade, assim na terra como no céu.

O pão nosso de cada dia nos dai hoje; perdoai-nos as nossas ofensas; assim como nós perdoamos a quem nos tem ofendido. Não nos deixeis cair em tentação. Mas livrai-nos do mal. Amém.

Ave-Maria: Ave, Maria, cheia de graça, o Senhor é convosco, bendita sois vós entre as mulheres e bendito é o fruto do vosso ventre, Jesus.

Santa Maria, Mãe de Deus, rogai por nós, pecadores, agora e na hora de nossa morte. Amém.

Glória ao Pai: Glória ao Pai, ao Filho e ao Espírito Santo. Como era no princípio, agora e sempre. Amém.

4º Mistério

Nossa Senhora um dia foi levada para o céu de corpo e alma. Ela merece estar lá bem junto de Deus, pois é a Mãe de Jesus, Santa e Imaculada, sem mancha, sem pecado.

Nossa Senhora, depois da morte de Jesus, foi morar na casa de um apóstolo. Mas ela estava sempre junto dos outros discípulos também. Um dia aconteceu sua Assunção, ou seja, Nossa Senhora foi levada de corpo e alma para o céu. E agora ela está lá no céu, pertinho de Jesus, e como Jesus ela também não nos abandonou, pois ela é nossa Mãe do céu e nos ajuda a amar muito a Jesus.

— Maria, a Senhora ama muito as crianças como amou Jesus-Criança.
— Maria, nós crianças também gostamos muito da Senhora.
— Maria, nós queremos fazer em nossa vida a vontade de Deus, como a Senhora fez.
— Maria, guarde todas as crianças em seu amor de Mãe, principalmente as doentes.

— Maria, nós crianças nos damos as mãos e seguramos na sua mão carinhosa.

Pai-nosso: Pai nosso, que estais nos céus, santificado seja o vosso nome; venha a nós o vosso reino; seja feita a vossa vontade, assim na terra como no céu.
O pão nosso de cada dia nos dai hoje; perdoai-nos as nossas ofensas; assim como nós perdoamos a quem nos tem ofendido. Não nos deixeis cair em tentação. Mas livrai-nos do mal. Amém.

Ave-Maria: Ave, Maria, cheia de graça, o Senhor é convosco, bendita sois vós entre as mulheres e bendito é o fruto do vosso ventre, Jesus.
Santa Maria, Mãe de Deus, rogai por nós, pecadores, agora e na hora de nossa morte. Amém.

Glória ao Pai: Glória ao Pai, ao Filho e ao Espírito Santo. Como era no princípio, agora e sempre. Amém.

5º Mistério

Maria foi coroada Rainha do céu e da terra. Deus amou muito Maria, pois a escolheu desde toda a eternidade, e por isso ela tomou parte na obra da salvação, trazendo-nos Jesus.

Maria foi coroada no céu como Rainha do céu e da terra. Não do jeito das rainhas do mundo, mas Rainha do jeito de Deus: cheia de amor e de misericórdia para com todas as pessoas do mundo, principalmente as crianças. As rainhas da terra têm muitas coisas, mas Nossa Senhora teve muito mais que elas: ela é a Mãe de Jesus. Das coisas da terra ela não tinha nada.

— Maria, a Senhora é Mãe de Jesus e Rainha do céu e da terra.
— Viver do jeito de Nossa Senhora é fazer a vontade de Deus.
— Quando a gente ama, mais feliz a gente é.
— Maria viveu na pobreza a maior riqueza que é Jesus.
— Eu quero ter um coração e uma vida bem do jeito de Nossa Senhora.

Pai-nosso: Pai nosso, que estais nos céus, santificado seja o vosso nome; venha a nós o vosso reino; seja feita a vossa vontade, assim na terra como no céu.

O pão nosso de cada dia nos dai hoje; perdoai-nos as nossas ofensas; assim como nós perdoamos a quem nos tem ofendido. Não nos deixeis cair em tentação. Mas livrai-nos do mal. Amém.

Ave-Maria: Ave, Maria, cheia de graça, o Senhor é convosco, bendita sois vós entre as mulheres e bendito é o fruto do vosso ventre, Jesus.

Santa Maria, Mãe de Deus, rogai por nós, pecadores, agora e na hora de nossa morte. Amém.

Glória ao Pai: Glória ao Pai, ao Filho e ao Espírito Santo. Como era no princípio, agora e sempre. Amém.

Mistérios da Luz

1º Mistério

Jesus um dia foi batizado por João Batista. Ele foi batizado com a água do rio Jordão, porque era assim que João Batista realizava o batismo.

E Jesus se fez batizar por João no rio Jordão. João Batista fazia muitos batizados à margem do rio Jordão. Seu batismo era de penitência e de conversão. Ele falava que era preciso preparar-se para a chegada do Salvador. E quando Ele chegasse, todos ficariam sabendo e deveriam escutá-lo. Era Jesus, o Filho de Deus.

— Ó Jesus, eu quero respeitar muito o Senhor, como o respeitou João Batista.
— Ó Jesus, eu quero ter muita humildade em minha vida, como João Batista a teve.
— Ó Jesus, eu quero com minha vida de criança ser sinal de seu amor.
— Ó Jesus, eu quero amar sempre a verdade e a justiça.
— Ó Jesus, eu quero viver meu batismo com toda a alegria da fé.

Pai-nosso: Pai nosso, que estais nos céus, santificado seja o vosso nome; venha a nós o vosso reino; seja feita a vossa vontade, assim na terra como no céu.

O pão nosso de cada dia nos dai hoje; perdoai-nos as nossas ofensas; assim como nós perdoamos a quem nos tem ofendido. Não nos deixeis cair em tentação. Mas livrai-nos do mal. Amém.

Ave-Maria: Ave, Maria, cheia de graça, o Senhor é convosco, bendita sois vós entre as mulheres e bendito é o fruto do vosso ventre, Jesus.

Santa Maria, Mãe de Deus, rogai por nós, pecadores, agora e na hora de nossa morte. Amém.

Glória ao Pai: Glória ao Pai, ao Filho e ao Espírito Santo. Como era no princípio, agora e sempre. Amém.

⭐⭐⭐

2º Mistério

Houve uma festa de casamento em Caná da Galileia e faltou vinho. Nossa Senhora pediu para Jesus, e Ele transformou a água em vinho, e foi bonita a festa.

Quando vamos a uma festa, tudo deve estar pronto para que ninguém fique chateado. Durante a festa de casamento em Caná da Galileia, faltou vinho. Por isso, Nossa Senhora pediu com seu amor de mãe, e Jesus transformou a água em vinho. Jesus é o vinho que nos dá vida e salvação.

— Jesus não quer ver ninguém sofrendo ou passando necessidades.
— Quando amamos as pessoas, fazemos tudo para que elas não sofram.
— Eu quero sempre ajudar as pessoas, como fez Jesus.
— Eu quero ajudar sempre meus coleguinhas e querer bem a todos eles.
— Eu não vou ficar triste, porque eu sei que Jesus me ama muito.

Pai-nosso: Pai nosso, que estais nos céus, santificado seja o vosso nome; venha a nós o vosso reino; seja feita a vossa vontade, assim na terra como no céu.

O pão nosso de cada dia nos dai hoje; perdoai-nos as nossas ofensas; assim como nós perdoamos a quem nos tem ofendido. Não nos deixeis cair em tentação. Mas livrai-nos do mal. Amém.

Ave-Maria: Ave, Maria, cheia de graça, o Senhor é convosco, bendita sois vós entre as mulheres e bendito é o fruto do vosso ventre, Jesus.

Santa Maria, Mãe de Deus, rogai por nós, pecadores, agora e na hora de nossa morte. Amém.

Glória ao Pai: Glória ao Pai, ao Filho e ao Espírito Santo. Como era no princípio, agora e sempre. Amém.

⭐⭐⭐

3º Mistério

Jesus saiu por todos os lugares e dizia para as pessoas que o Reino já havia chegado e que era preciso as pessoas se converterem para ele.

No tempo de Jesus, as pessoas estavam esperando que o Reino de Deus viesse e salvasse a todos. Então, na hora certa, Jesus começou a falar para todas as pessoas que o Reino já havia chegado, que estava no meio deles e que era preciso abrir e mudar o coração para recebê-lo. O Reino é a presença de Jesus no meio de nós.

— Eu quero que o Reino de Deus more dentro de mim e no coração das pessoas.
— Nem gente grande nem gente pequena é feliz sem Deus e sem o Reino.
— Todas as crianças precisam gostar de Jesus, pois Ele gosta de todas as crianças.
— Eu quero viver com muita boa vontade o amor de Jesus.
— Eu quero que papai, mamãe e todas as pessoas pertençam ao Reino de Deus.

Pai-nosso: Pai nosso, que estais nos céus, santificado seja o vosso nome; venha a nós o vosso reino; seja feita a vossa vontade, assim na terra como no céu.

O pão nosso de cada dia nos dai hoje; perdoai-nos as nossas ofensas; assim como nós perdoamos a quem nos tem ofendido. Não nos deixeis cair em tentação. Mas livrai-nos do mal. Amém.

Ave-Maria: Ave, Maria, cheia de graça, o Senhor é convosco, bendita sois vós entre as mulheres e bendito é o fruto do vosso ventre, Jesus.

Santa Maria, Mãe de Deus, rogai por nós, pecadores, agora e na hora de nossa morte. Amém.

Glória ao Pai: Glória ao Pai, ao Filho e ao Espírito Santo. Como era no princípio, agora e sempre. Amém.

4º Mistério

Jesus subiu a um monte com três discípulos: Pedro, Tiago e João. E diante deles se transfigurou, tomando a forma de um corpo ressuscitado.

A transfiguração foi aquele momento em que Jesus ficou de um jeito diferente, e os discípulos ficaram muito felizes em ver tudo o que aconteceu com Jesus e não queriam mais sair dali. Mas Jesus falou para eles que era preciso descer da montanha e ir falar das coisas do Reino para todo o povo.

— Todas as pessoas que vivem o amor são transfiguradas.
— As crianças que amam Jesus de todo o coração são transfiguradas.
— Jesus mostrou para nós que Ele é a verdade do céu.
— Quando praticamos a caridade, o bem, a paz, nós nos transfiguramos.
— Ninguém pode viver sozinho, pois é junto com os outros que somos felizes.

Pai-nosso: Pai nosso, que estais nos céus, santificado seja o vosso nome; venha a nós o vosso reino; seja feita a vossa vontade, assim na terra como no céu.

O pão nosso de cada dia nos dai hoje; perdoai-nos as nossas ofensas; assim como nós perdoamos a quem nos tem ofendido. Não nos deixeis cair em tentação. Mas livrai-nos do mal. Amém.

Ave-Maria: Ave, Maria, cheia de graça, o Senhor é convosco, bendita sois vós entre as mulheres e bendito é o fruto do vosso ventre, Jesus.

Santa Maria, Mãe de Deus, rogai por nós, pecadores, agora e na hora de nossa morte. Amém.

Glória ao Pai: Glória ao Pai, ao Filho e ao Espírito Santo. Como era no princípio, agora e sempre. Amém.

5º Mistério

Antes de Jesus passar pela paixão e morte, Ele reuniu-se com os discípulos e com eles celebrou a Eucaristia, a missa, e pediu que eles fizessem a mesma coisa que Ele fez.

Foi Jesus que instituiu a Eucaristia, isto é, Ele a rezou pela primeira vez no mundo. E a partir daquele momento nunca mais ela deixou de ser celebrada no mundo. A missa é Jesus morrendo e ressuscitando no altar para nos dar a salvação. Por isso, devemos sempre ir à missa, porque ela é sacramento do Reino de Deus.

— Eu quero ir à missa cada vez mais e sempre que puder.
— Eu quero que o papai e a mamãe nunca deixem de ir à missa.
— A missa é a melhor oração que a criança e o adulto podem fazer.
— É o padre que reza a missa, mas nós todos rezamos com ele.
— A criança vai à missa e reza de um jeito que Jesus gosta muito.

Pai-nosso: Pai nosso, que estais nos céus, santificado seja o vosso nome; venha a nós o vosso reino; seja feita a vossa vontade, assim na terra como no céu.

O pão nosso de cada dia nos dai hoje; perdoai-nos as nossas ofensas; assim como nós perdoamos a quem nos tem ofendido. Não nos deixeis cair em tentação. Mas livrai-nos do mal. Amém.

Ave-Maria: Ave, Maria, cheia de graça, o Senhor é convosco, bendita sois vós entre as mulheres e bendito é o fruto do vosso ventre, Jesus.

Santa Maria, Mãe de Deus, rogai por nós, pecadores, agora e na hora de nossa morte. Amém.

Glória ao Pai: Glória ao Pai, ao Filho e ao Espírito Santo. Como era no princípio, agora e sempre. Amém.

Orações Próprias de Criança

Eu gosto de Jesus

Jesus, eu gosto do Senhor. Muito obrigado pela vida que o Senhor me deu! Muito obrigado por papai e mamãe e por todas as pessoas que o Senhor colocou bem perto de mim.

Jesus, eu estou crescendo não só por fora, para ter um corpo bonito e forte, mas ajude-me a crescer também por dentro, para ter um coração cheio de bondade.

Jesus, ajude-me a ser feliz, ajude-me a não ter medo de ser sincero. Quero crescer com alegria e fazer muita gente feliz, porque eu existo.

Jesus, eu gosto do Senhor, de todo o coração, e vou gostar de todo o mundo, como o Senhor gosta de mim. Amém!

Meu coração de Criança

Jesus, eu quero ter sempre um coração de criança.
Um coração cheio de ternura e de bondade.
Um coração fraterno e cheio de amor.
Um coração acolhedor e bondoso.
Um coração que não tem medo da vida.
Ó Jesus, ajude-me a viver com alegria minha fé!

Rezo pelo papai e pela mamãe

Jesus, eu quero hoje rezar pelo papai e pela mamãe.
Eles me deram a vida e me ajudam a crescer.
Fazem todo o esforço para que eu me desenvolva como pessoa humana, sincera e madura.
Dê a eles, Jesus, muita saúde e muita paz, para que continuem sua missão na terra.
Eu gosto muito deles, Jesus! Amém!

Vou à missa

Vou à missa porque gosto muito de Jesus e sei que Ele deu a vida por mim.

Na missa, Ele se dá no pão que é Eucaristia, e nos alimentando dele seremos sempre fortes.

As crianças são muito fortes e cheias de vida, porque amam a Deus e às pessoas.

Eu vou à missa porque nela se dá a refeição da vida, do amor, da salvação! Amém!

Bênção para o dia

Jesus, bem cedinho eu quero rezar ao Senhor.

Daqui a pouco vou tomar café e ir para a escola.

Depois volto para casa e me encontro com a mamãe.

O papai, só a noite, porque ele está trabalhando.

Depois vou fazer a lição de casa e brincar também.

Quando papai chegar, quero dar um abraço nele.

Por tudo isso que vou fazer hoje, Jesus, eu peço sua bênção e ofereço todo esse dia que o Senhor me dá para viver. Amém!

Santo Anjo

Santo Anjo do Senhor, meu zeloso guardador, se a ti me confiou a piedade divina, sempre me rege, guarda, governa, ilumina! Amém!

Consagração da Criança a Nossa Senhora

Ó Mãezinha do céu, eu não sei rezar direito, mas do jeito que eu sei, eu rezo. Eu sei que a Senhora é a Mãe de Jesus e, por isso, eu vos entrego meu coração de criança, porque sei que a Senhora vai proteger-me nesta vida, defendendo-me de todos os perigos. Eu quero amar muito a Jesus e também a Senhora. Ajudai-me a ser uma pessoa feliz e cheia de fé, de amor para com os outros. Obrigado, Mãezinha do céu, por nos terdes dado Jesus, nosso Salvador! Amém!

Este livro foi composto com as famílias tipográficas Gil Sans
e Kristen ITC e impresso em papel Offset 75g/m^2
pela **Gráfica Santuário**.